DEN MAGISKE
MANIFESTATIONSKALENDER
2025-2028

DEN MAGISKE MANIFESTATIONSKALENDER 2025-2028

© 2024 Bettina Møller Jensen

Omslag: Sara Kornerup Fog, www.magicalart.dk

Korrektur: Nanna M. R. Nielsen

Foto af Bettina: Calin Strajescu

Alt indhold er skabt af Bettina Møller Jensen og er copyright beskyttet

Printed at BOD, Germany in 2024

Forlag: BoD • Books on Demand GmbH, In de Tarpen 42,

22848 Norderstedt, Tyskland

1. udgave, 1. oplag

ISBN: 978-87-4305-816-8

www.bettinamollerjensen.dk

Focus & Flow – Skolen for konkret anvendelse af Loven om Tiltrækning

v. Bettina Møller Jensen

Tryk: Libri Plureos GmbH, Friedensallee 273, 22763 Hamborg, Tyskland

Af samme forfatter

Fra hånden til ånden – skriv dine drømme til live med Loven om Tiltrækning (2024)

Glædelig jul med Loven om Tiltrækning – 7 konkrete strategier til at skabe en magisk jul uden stress med dem du holder af (2023)

Sorgen er et knust hjerte – men du græder aldrig for evigt (2023)

De 9 nøgler du bør kende, når du læser englekort (2022)

Loven om Tiltrækning for børn (2020)

Taknemmelighed med Loven om Tiltrækning (2019)

10 Fortryllende fortællinger fra Loven om Tiltrækning (2019)

Det starter med tak – opdag genvejene, der løfter din vibration (2018)

365 kærlige kindheste fra Loven om Tiltrækning (2018)

Visionboard – Sådan gør du dine drømme til virkelighed (2017)

Sådan ændrer du din vibration på 100 dage (2017)

Om forfatteren

Oprindeligt er Bettina Møller Jensen uddannet cand.ling.merc. i engelsk med bestalling som tolk og translatør, og hun arbejdede i en lang årrække i den finansielle sektor, blandt andet som leder.

Via coaching, undervisning og træning hjælper Bettina nu mennesker med at opnå mere frihed, handlekraft og glæde i livet ved at mestre Loven om Tiltrækning.

Bettina har undervist tusindvis af mennesker i, hvordan man bruger Loven om Tiltrækning bevidst til at tiltrække og skabe det liv, man ønsker sig.

Som den eneste i Danmark er Bettina *Certified Law of Attraction Facilitator*, og hun er kendt for at gøre Loven om Tiltrækning konkret og let at forstå.

Du kan få kontakt med Bettina på de fleste sociale platforme.

Hvert sted deler Bettina forskelligt indhold, som hjælper dig i dit arbejde med Loven om Tiltrækning.

Hjemmeside: www.bettinamollerjensen.dk

Instagram: @bettina.moeller.jensen

YouTube kanal: Bettina Møller Jensen – Loven om Tiltrækning

Facebook: Loven om Tiltrækning – Bettina Møller Jensen

Om denne kalender

Da den magiske manifestationskalender så dagens lys for første gang, var der vældig meget fokus på, hvordan du bruger naturens kræfter – særligt månens – som ekstra katalysator for dine ønsker, drømme og manifestationer.

Siden den første kalender udkom tilbage i 2018, er jeg blevet mere og mere optaget af, hvordan hele skabelsesprocessen er at finde i alle lag. Både i os selv, men også i den verden, der omgiver os. I mit professionelle virke med Loven om Tiltrækning, bliver jeg igen og igen bekræftet i, hvor god en hjælp ritualer er, når vi vil ændre vaner og skabe nye strategier.

Denne udgave af den magiske manifestationskalender indeholder blandt andet ritualer i forbindelse med ny- og fuldmåne. Angivelser af energierne, der er til stede omkring forårs- og efterårsjævndøgn, sommer- og vintersolhverv, samt adskillige andre ritualer du også kan drage fordel af i løbet af året.

For at få optimalt udbytte af din magiske manifestationskalender, opfordrer jeg dig til at benytte dig af alle ritualerne. At sætte pen til papir og lade dine drømme, ønsker og længsler komme til orde på de blanke ark.

Den magiske manifestationskalender kan bruges i perioden fra 1. januar 2025 til 31. december 2028, uanset hvornår du investerer i kalenderen i denne periode.

Sådan gør du:

1. Det første du skal gøre, når du tager kalenderen i brug er at udfylde siderne forud for januar måned, som har overskriften:

   Følgende drømme og ønsker sætter jeg min intention for at manifestere i det kommende år.

2. Dernæst farvelægger du mandalen, mens du tænker på dine drømme og ønsker for det kommende år.

3. Er der allerede på dette tidspunkt ønsker og drømme, som du er fast besluttet på at manifestere i løbet af det kommende år, så kan du med fordel skrive dem ind i fremtiden i den magiske manifestationskalender.

For eksempel:

Lad os sige at du udfylder de ovennævnte oplysninger d. 1. januar 2025 og at du har en drøm om at komme til Galapagos øerne, så kan du f.eks. d. 25. oktober 2025 skrive: *"Netop hjemkommet fra Galapagos øerne. Det var en fuldstændig magisk oplevelse at være der i 14 dage med alt betalt."*

For yderligere uddybning af, hvordan du bruger din magiske manifestationskalender proaktivt til at skabe det du drømmer om, så vil jeg anbefale dig at læse beretningen om at sætte intentionen og få resultatet, som du finder længere fremme.

På min hjemmeside kan du få adgang til en video, hvor jeg viser dig i flere detaljer, hvordan du bruger den magiske manifestationskalender som katalysator for dine drømme, ønsker og længsler.

For at komme direkte til siden kan du skanne QR koden herunder med din telefon. Udfyld herefter oplysningerne og du får linket til videoen tilsendt direkte i din mailindbakke.

Skan QR koden:

4. På daglig basis har du mulighed for at vurdere tilstanden på din vibration. Giv den et tal mellem 1 og 5, hvor 1 er den laveste og 5 er den højeste. Skriv også gerne et par ord om, hvorfor din vibration befinder sig, hvor den gør.

For eksempel:

"Mandag d. 3. marts min vibration ligger på 4, fordi jeg glæder mig til at skulle til hvalpetræning med Samson senere i dag."

"Onsdag d. 14. november min vibration ligger på 1, fordi jeg har feber og ondt i halsen."

Når du vænner dig til at vurdere din vibration og at forholde dig til, hvorfor du mener den ligger hvor den gør, så vil du som følge heraf blive mere og mere opmærksom på, hvordan det føles, dels når din vibration er høj, dels når din vibration er lav.

I forhold til at arbejde med Loven om Tiltrækning som en aktiv medspiller, er det afgørende at du har en fornemmelse af din egen vibration og hvordan det føles, når den er lav og når den er høj.

Når din vibration er høj, så kan du forstærke den yderligere ved at være begejstret og taknemmelig over at den er høj.

Når din vibration er lav, så er det en indikation til dig om, at du bør foretage dig noget, som løfter din vibration. Det behøver lagt fra at være kompliceret. Det kan være noget så enkelt som at lytte til musik du godt kan lide, gå en tur eller tage en lur.

5. Hver måned er der i kalenderen dedikeret flere sider til at sætte intentionen for den kommende måned. At sætte intentionen handler om bevidsthed. Bevidsthed om hvad du vil tiltrække.

For at kunne tiltrække noget bevidst med Loven om Tiltrækning, må du først og fremmest vide hvad du vil have og sætte intentionen for at tiltrække det.

Vibrationen fra din intention er den, der skaber dine manifestationer. Når du derfor bruger tid på at formulere dine ønsker og drømme mere konkret, så er du med til at kickstarte og kanalisere energien, så den kan blive spejlet tilbage af Loven om Tiltrækning.

Hver måned finder du ligeledes en beskrivelse af, hvilket ritual der knytter sig til den pågældende måned, så du kan få mest muligt ud af energien for lige netop den måned.

Ritualer har gennem historien haft en central rolle i mange kulturer og spirituelle traditioner. I den tid vi lever i, ser vi, hvordan ritualer også spiller en væsentlig rolle i at etablere nye vaner og i blandt andet at støtte ethvert arbejde med Loven om Tiltrækning.

Herunder er fire betydelige grunde til, hvorfor ritualer er så effektive, og hvordan du anvender dem til at styrke din manifestationspraksis:

1. ritualer skaber struktur og forudsigelighed

Videnskabeligt set hjælper ritualer med at skabe en fast struktur og forudsigelighed i din dagligdag. Når du gentager en bestemt handling eller sekvens af handlinger, aktiverer du hjernens "rutinecenter", hvilket gør det lettere at danne og opretholde nye vaner.

I forbindelse med manifestation skaber ritualer en konsekvent praksis, der gør det muligt for dig at holde fokus på dine intentioner og mål. En regelmæssig ritualpraksis som f.eks. dagligt at vurdere din vibration samt bevidsthed om dine intentioner styrker din mentale indstilling og overbevisning om, at dine ønsker er mulige.

2. ritualer forstærker motivation og engagement

Fra et psykologisk perspektiv kan ritualer fungere som en kraftfuld katalysator for din motivation. Ritualer markerer ofte begyndelsen på en ny proces eller vane, hvilket giver en følelse af fornyet energi og engagement.

Når du anvender ritualer i dit manifestationsarbejde, forstærker du dit engagement i at nå dine mål ved at skabe en følelsesmæssig forbindelse til dine intentioner. Denne forstærkning kan øge din vilje og evne til at handle i overensstemmelse med dine intentioner

3. Ritualer tilfører symbolik og mening

Spirituelt set tilfører ritualer dyb symbolik og mening til dine handlinger. Ritualer er ofte forbundet med et større formål eller intention, som skaber en følelsesmæssig forbindelse til det ønskede resultat.

I manifestationsprocessen fungerer ritualer som en metode til at lade dine intentioner med energi og betydning. Symbolske handlinger, som at skrive ned eller udføre et særligt ritual, kan hjælpe med at styrke din forbindelse til dine ønskede resultater og tiltrække dem mere effektivt.

4. Ritualer styrker mental fokus og giver klarhed

Ritualer kan forbedre dit mentale fokus og give klarhed ved at skabe en konsekvent ramme for dine handlinger. Når du udfører et ritual, signalerer du til din hjerne, at det er tid til at fokusere på en bestemt opgave eller vane.

I forbindelse med manifestationsprocessen hjælper dette fokus med at skabe en klar vision af, hvad du ønsker at opnå, og hvordan du planlægger at nå dit mål. En klar og fokuseret tilgang øger chancerne for, at du tiltrækker og realiserer dine intentioner.

Ritualer er således mere end blot ceremonielle handlinger, men kraftfulde værktøjer til at skabe varige forandringer i dit liv og styrke din manifestationskraft. Ved at forstå og anvende disse mekanismer kan du effektivt etablere nye vaner og tiltrække dine ønskede resultater.

Udover de månedlige ritualer så finder du også i den magiske manifestationskalender en oversigt over perioderne for årene 2025-2028, hvor planeten Merkur går i retrograd. Du får også en kort gennemgang af, hvad Merkur i retrograd er, samt et ritual du kan bruge forud for at Merkur går i retrograd, således at du er bedst muligt rustet til perioden.

Den magiske manifestationskalender har ligeledes en komplet oversigt for 2025-2028, hvor du kan se hvilken dato det er henholdsvis nymåne og fuldmåne, samt hvilket zodiaktegn den pågældende dag korresponderer med, og derudover zodiaktegnets mest signifikante attributter, og hvilke opmærksomhedspunkter der kan være omkring det pågældende tidspunkt.

Ved slutningen af hver måned finder du en side dedikeret til at gøre status over hvilke af dine intentioner, som du har formuleret ved begyndelsen af måneden, der har båret frugt og har manifesteret sig.

Ved årets afslutning finder du ligeledes sider til at gøre status over hele det forgangne år, samt starten på nye intentioner for det kommende år. Når du gør status over dine succeser påvirker det dine vibrationer positivt. Og husk på at Loven om Tiltrækning matcher dine vibrationer og giver dig mere af det samme.

Uanset om du tager din magiske manifestationskalender i brug i 2025, 2026, 2027 eller 2028 vil indholdet være lige aktuelt.

Må alle dine drømme og eventyr folde sig ud og vokse sig smukke. Du vil blive overrasket over hvor stor kraft der er i dine skrevne intentioner.

Bettina Møller Jensen
Tilst, september 2024

En beretning om at sætte sin intention og få resultatet

Det var juli måned, og min familie og jeg var netop hjemvendt fra endnu en ferie i vores elskede Italien. Selvom der trods alt er noget sandhed i formuleringen "ude godt, hjemme bedst", sad jeg nu alligevel tilbage med en følelse af langt fra at være færdig med Italien for denne gang.

Der var derfor kun gået ganske få dage, efter vi var kommet hjem, før jeg tog min kalender frem og omhyggeligt slog op på uge 42, som var efterårsferien.

Med kuglepen stregede jeg ind i kalenderen fra lørdag i uge 41 til søndag i uge 42. Lodret i det afmærkede felt skrev jeg: EFTERÅRSFERIE, og på skrå hen over dagene skrev jeg: ITALIEN. Jeg tænkte, at det ville være virkelig dejligt med en efterårsferie for os alle fire, og jeg begyndte allerede at glæde mig til alt det, jeg forestillede mig, vi skulle opleve.

På dette tidspunkt var det kun mig selv – og Loven om Tiltrækning – der havde kendskab til mit ønske og til, hvad jeg havde skrevet i min kalender.

Dagene gik, og jeg havde glemt alt om, hvad jeg havde skrevet i min kalender.

Da der var gået cirka 14 dage fra, jeg havde skrevet i min kalender, hvad min intention var for efterårsferien det pågældende år, skete miraklet.

Ud af det blå kom min mand til mig og spurgte mig, om jeg ville orke at køre til Italien for blot en uge. Han fortsatte med at uddybe årsagen til, at han spurgte. Sagen var, at han netop havde set et helt ekstraordinært billigt tilbud på et kurophold med fuld forplejning i Padova, kun små 50 km fra Venedig. Opholdet var med ankomst søndag og afgang fredag, så det passede perfekt med, at vi kunne køre lørdag og være

hjemme igen lørdagen efter. Således kunne opholdet rummes inden for skolernes efterårsferie.

Vi besluttede at bestille.

Senere på dagen, da vi havde booket vores efterårsferie, ville jeg føre dagene ind i min kalender, og da jeg slog op på siderne for uge 42, holdt jeg for en stund næsten op med at trække vejret.

For der på siderne stod allerede, at jeg netop ville være i Italien i præcis den uge, som vi netop havde booket.

Min intention havde skabt vibrationen, som var blevet til manifestationen!

Historien her er medtaget for at vise dig et eksempel på, hvad der sker med vibrationen, når du er proaktiv og bruger kalenderen til at planlægge de ting, du ønsker, der skal ske.

Måske vil du opleve, at alt, hvad du skriver ud i fremtiden i din magiske manifestationskalender, manifesterer sig. Måske vil du opleve, at dele af det, du har skrevet, gør. Under alle omstændigheder vil du i hvert fald opleve, at du kommer tættere på de drømme, ønsker og længsler, som du tager dig tid til at beskrive i kalenderen.

Husk på, at Loven om Tiltrækning reagerer på det, du føler om det, du siger, tænker og skriver. En af de absolut stærkeste metoder til at forbinde dig kraftigt med følelsen af det, du ønsker at tiltrække og manifestere ind i dit liv, er ved at skrive om det. Når du skriver, skaber du et fysisk anker til din vibration.

Hvis du vil have flere redskaber til at skrive dine drømme, ønsker og længsler til live, så anbefaler jeg dig bogen: *Fra hånden til ånden – skriv dine drømme til live med Loven om Tiltrækning.*

God fornøjelse!

Nymåneritual

Det skal du bruge:

- En notesbog eller løse ark papir
- En kuglepen
- Et stearinlys
- Et sted, hvor du kan sidde uforstyrret

Formålet med ritualet:

At sætte intentionen og give fokus, energi og opmærksomhed til dine mål.

Sådan gør du:

Trin #1
Tænd stearinlyset, og brug et par minutter (5-10 minutter) på at sidde helt stille. Lad dit åndedræt falde til ro.

Trin #2
Skriv dine intentioner for, hvad du gerne vil manifestere. Det kan for eksempel være intentioner for, hvad du gerne vil skabe, opleve, tiltrække og have fokus på i den kommende måned. Du kan overveje at dele dine ønsker op i forskellige kategorier som for eksempel: parforhold, arbejde, helbred, økonomi, fritid eller hvad du ellers har lyst til.

Skriv hver intention på et separat stykke papir.

Trin #3
Opbevar dine intentioner i en æske, og læs dem igennem jævnligt.

Nymåner i 2025

29. januar - vandbæreren

28. februar - fiskene

29. marts - vædderen

27. april - tyren

27. maj - tvillingerne

25. juni - krebsen

24. juli - løven

23. august - jomfruen

21. september - jomfruen

21. oktober - vægten

20. november - skorpionen

20. december - skytten

Nymåner i 2026

18. januar - stenbukken

17. februar - vandbæreren

19. marts - fiskene

17. april - vædderen

16. maj - tyren

15. juni - tvillingerne

14. juli - krebsen

12. august - løven

11. september - jomfruen

10. oktober - vægten

9. november - skorpionen

9. december - skytten

Nymåner i 2027

7. januar - stenbukken

6. februar - vandbæreren

8. marts - fiskene

6. april - vædderen

6. maj - tyren

4. juni - tvillingerne

4. juli - krebsen

2. august - løven

31. august - jomfruen

30. september - vægten

29. oktober - skorpionen

28. november - skytten

27. december - stenbukken

Nymåner i 2028

26. januar - vandbæreren

25. februar - fiskene

26. marts - vædderen

24. april - tyren

24. maj - tvillingerne

22. juni - krebsen

22. juli - krebsen

20. august - løven

18. september - jomfruen

18. oktober - vægten

16. november - skorpionen

16. december - skytten

Fuldmåneritual

Det skal du bruge:

En notesbog til formålet eller løse ark papir
En kuglepen
Et stearinlys
Et sted, hvor det er sikkert at brænde papir

Formålet med ritualet:

At gøre status over dine manifestationer samt at slippe
energien i det, du ikke længere ønsker

Sådan gør du:

Trin #1
Tænd stearinlyset, og brug et par minutter (5-10 minutter) på at
sidde helt stille. Få dit åndedræt til at falde til ro.

Trin #2
Find kassen med dine nymåne-intentioner og læs dem en for
en. Læg mærke til om de stadig føles rigtige. Gør status over
dine intentioner. Hvilke har allerede manifesteret sig? Hvilke er
blevet uaktuelle? Hvilke ønsker du fortsat at bibeholde og
hvilke ønsker du at give slip på?

Trin #3
Skriv de intentioner ned, som du ønsker at slippe og sige farvel
til, på hver sin lap papir.

Trin #4
Brænd hver lap papir. Du kan sige det højt eller inden i dig
selv: *"Jeg giver nu slip på energien i denne intention"*.

Fuldmåner i 2025

13. januar - krebsen

12. februar - løven

14. marts - jomfruen

13. april - vægten

12. maj - skorpionen

11. juni - skytten

10. juli - stenbukken

9. august - vandbæreren

7. september - fiskene

7. oktober - vædderen

5. november - tyren

4. december - tvillingerne

Fuldmåner i 2026

3. januar - krebsen

1. februar – løven

3. marts - jomfruen

2. april - vægten

1. maj - skorpionen

31. maj – skytten

29. juni - stenbukken

29. juli - vandbæreren

28. august - fiskene

26. september - vædderen

26. oktober - tyren

24. november - tvillingerne

24. december - krebsen

Fuldmåner i 2027

22. januar - løven

20. februar - jomfruen

22. marts - vægten

20. april - skorpionen

20. maj - skorpionen

19. juni - skytten

18. juli - stenbukken

17. august - vandbæreren

15. september - fiskene

15. oktober - vædderen

14. november - tyren

13. december - tvillingerne

Fuldmåner i 2028

12. januar - krebsen

10. februar - løven

11. marts - jomfruen

9. april - vægten

8. maj - skorpionen

7. juni - skytten

6. juli - stenbukken

5. august - vandbæreren

3. september - fiskene

3. oktober - vædderen

2. november - tyren

2. december - tvillingerne

31. december - krebsen

Kortoplæg ved ny- og fuldmåne

Du kan med fordel bruge kortoplæg i forbindelse med ny- og fuldmåne for at give dem ekstra perspektiv og dybde.

I begge tilfælde skal du bruge et sæt kort. Du kan bruge englekort, orakelkort eller tarotkort. Bland kortene og træk tre kort.

Ved nymåne:

- Hvad kan jeg sige farvel til ved denne nymåne?
- Hvad vil jeg opnå i den kommende periode?
- Hvilke skridt kan jeg tage allerede i dag?

Ved fuldmåne:

- Hvad har brug for at komme frem i lyset?
- Hvad har jeg brug for at slippe?
- Hvad er på vej ind i mit liv?

Det er en god idé at sidde stille og være i ro, når du arbejder med kortene.

Sådan gør du:

- Vend kortene ét ad gangen.
- Kig på billedet og lad dig inspirere af det, du ser.
- Lad tankerne og inspirationen flyde på samme måde, som når du laver en brainstorm.

Er du blevet nysgerrig på englekort, finder du et væld af forskellige kortoplæg i min bog: *De 9 nøgler du bør kende, når du læser englekort – den nødvendige arbejdsbog med 30 forskellige kortoplæg.*

Nymånen i zodiaktegn

Når vi har nymånen i de forskellige stjernetegn, bliver energierne fra dette tegn forstærket. Her er de vigtigste karakteristika og opmærksomhedspunkter for hvert af de tolv zodiaktegn under en nymåne:

Vædderen

Kendetegn: Nymånen i vædderen bringer en stærk energi af initiativ, handling og mod. Det er et ideelt tidspunkt til at starte nye projekter og tage lederskab i dit liv. Vædderens dynamiske og modige natur understøtter viljen til at handle hurtigt og tage risici.

Opmærksomhedspunkter: Impulsivitet og utålmodighed kan være udfordringer. Sørg for at de nye initiativer er gennemtænkte, og undgå at handle uden en plan.

Tyren

Kendetegn: Her er energien mere stabil og jordbunden. Det er et godt tidspunkt at fokusere på værdier, økonomi og materielle goder. Tyren fremmer tålmodighed og en følelse af komfort og sikkerhed.

Opmærksomhedspunkter: Vær opmærksom på stædighed og modstand mod forandring. Det kan være svært at give slip på gamle vaner, selvom nye muligheder kalder.

Tvillingerne

Kendetegn: Nymånen i tvillingerne handler om kommunikation, læring og social interaktion. Det er en tid for intellektuel stimulering, nysgerrighed og netværk. Gode idéer kan blomstre, og det er en god tid til at indsamle information.

Opmærksomhedspunkter: Overfladiskhed og distraktion kan være faldgruber. Det er vigtigt at holde fokus og undgå at blive spredt for tyndt over for mange projekter.

Krebsen

Kendetegn: Fokus på følelser, hjem og familie. Nymånen i krebsen bringer en beskyttende, nærende energi, der opmuntrer til selvomsorg og pleje af nære relationer. Det er en god tid til at genoprette følelsesmæssig balance.

Opmærksomhedspunkter: Følelsesmæssig overfølsomhed kan blive fremtrædende. Det er vigtigt ikke at blive overvældet af følelsesmæssige op- og nedture.

Løven

Kendetegn: Denne nymåne bringer kreativitet, selvtillid og personlig udstråling. Det er et fremragende tidspunkt til at sætte sig selv i rampelyset og udtrykke sin unikke individualitet.

Opmærksomhedspunkter: Ego og stolthed kan komme i vejen. Vær opmærksom på at balancere ønsket om at være i centrum med ydmyghed.

Jomfruen

Kendetegn: Praktisk, sundhed og detaljer er i fokus. Nymånen i jomfruen giver mulighed for at forbedre rutiner, organisere og finde metoder til at optimere hverdagen. Det er også en tid til at pleje sin sundhed og trivsel.

Opmærksomhedspunkter: Perfektionisme kan være en udfordring. Undgå at blive fanget i små detaljer eller selvkritik.

Vægten

Kendetegn: Fokus på relationer, balance og skønhed. Nymånen i vægten giver energi til at forbedre partnerskaber og skabe harmoni i forhold. Det er også en god tid til at arbejde med æstetik og stil.

Opmærksomhedspunkter: Ubeslutsomhed og et overdrevet ønske om at tilfredsstille andre kan skabe udfordringer. Det er vigtigt at finde sin egen balance uden at miste sig selv i kompromiser.

Skorpionen

Kendetegn: Transformation, intensitet og dybe følelser er i fokus. Nymånen i skorpionen bringer mulighed for følelsesmæssig fornyelse og at se dybere på personlige skygger. Det er en tid til at slippe gamle mønstre og skabe plads til regenerering.

Opmærksomhedspunkter: Hemmeligheder og besættelser kan dukke op. Sørg for at håndtere intense følelser med åbenhed og bevidsthed.

Skytten

Kendetegn: Optimisme, ekspansion og læring er nøgleordene. Nymånen i skytten handler om at sætte nye mål, søge efter sandhed og viden samt åbne sig op for nye eventyr.

Opmærksomhedspunkter: For meget fokus på frihed kan føre til, at man overser detaljer. Det er vigtigt at bevare et afbalanceret perspektiv og undgår at lade sig rive med af overdreven idealisme.

Stenbukken

Kendetegn: Struktur, ansvar og ambition er i centrum. Nymånen i stenbukken er et ideelt tidspunkt til at sætte langsigtede mål og arbejde på at opbygge noget stabilt og holdbart. Fokus er på karriere og personlig autoritet.

Opmærksomhedspunkter: Rigide mål og arbejdsnarkomani kan være en udfordring. Husk at balancere arbejdet med tid til hvile og personlige fornøjelser.

Vandbæreren

Kendetegn: Innovation, frihed og fællesskab er temaerne. Nymånen i vandbæreren giver energi til at tænke fremadrettet og udfordre status quo. Det er et godt tidspunkt til at engagere sig i sociale eller kollektive projekter.

Opmærksomhedspunkter: Distance til følelser og overdreven fokus på intellektet kan skabe udfordringer. Vær opmærksom på at forbinde hovedet med hjertet.

Fiskene

Kendetegn: Spiritualitet, intuition og drømme er i fokus. Nymånen i fiskene bringer en blød, flydende energi, som fremmer kreativitet, fantasi og medfølelse. Det er en tid til at slippe kontrol og overgive sig til det, som føles rigtigt.

Opmærksomhedspunkter: Flugt fra virkeligheden og følelsesmæssig forvirring kan være udfordringer. Det er vigtigt at bevare jordforbindelsen samtidig med, at du forfølger dine spirituelle indsigter.

De ovennævnte karakteristika og opmærksomhedspunkter for hvert zodiaktegn hjælper dig med at navigere nymåneenergierne i hvert tegn. Nymånen er en tid til at starte

forfra og en tid til at arbejde med de temaer, som hvert tegn
bringer frem.

Fuldmånen i zodiaktegn

Når fuldmånen står i et specifikt tegn, forstærkes de karakteristika og temaer, der er forbundet med dette tegn. Fuldmåner handler ofte om kulmination, afslutning, indsigt og frigivelse. Her er de vigtigste kendetegn for hvert zodiaktegn, når fuldmånen står i det pågældende zodiaktegn, samt hvilke opmærksomhedspunkter du bør have in mente:

Vædderen

Kendetegn: Fuldmånen i vædderen bringer energi, beslutsomhed og mod til overfladen. Dette er en tid, hvor individet opfordres til at tage hurtige handlinger og stå op for sine personlige mål.

Opmærksomhedspunkter: Vædderens impulsive natur kan føre til hurtige beslutninger uden at tænke over konsekvenserne. Det er vigtigt at overveje handlingerne og undgå at lade sig rive med af vrede eller frustration.

Tyren

Kendetegn: Fuldmånen i tyren fremhæver temaer omkring stabilitet, værdier og materielle goder. Det er en tid til at tage fat på økonomiske og sikkerhedsmæssige spørgsmål. Nydelse og sanselige oplevelser kan blive mere fremtrædende.

Opmærksomhedspunkter: Overdreven stædighed og modvilje mod forandring kan stå i vejen for nødvendige justeringer. Det er vigtigt at undgå at klamre sig til det, der for længst er færdig med at tjene dig.

Tvillingerne

Kendetegn: Når fuldmånen står i tvillingerne, handler det om kommunikation, idéudveksling og social aktivitet. Der kan

komme en strøm af nye indsigter, samt behov for at dele information og ideer med andre.

Opmærksomhedspunkter: Tvillingernes skiftende natur kan føre til overfladiskhed og for mange distraktioner. Fokuser på klare, meningsfulde budskaber og undgå sladder eller spredning af din energi på for mange ting.

Krebsen

Kendetegn: Fuldmånen i krebsen bringer følelser op til overfladen, især omkring hjem, familie og tryghed. Dette er en tid til at give næring til følelsesmæssige forbindelser og tage sig af følelsesmæssige behov.

Opmærksomhedspunkter: Overfølsomhed kan føre til følelsesmæssige udsving og tilbagetrækning. Det er vigtigt at skabe en balance mellem at beskytte sig selv og åbne op for andre.

Løven

Kendetegn: Fuldmånen i løven handler om selvudfoldelse, kreativitet og personlig stolthed. Det er en tid til at stå i rampelyset og udtrykke sig fuldt ud. Der er fokus på at anerkende sin egen værdighed og personlige magt.

Opmærksomhedspunkter: Ego og behov for opmærksomhed kan føre til drama eller konflikter. Det er vigtigt at huske at anerkende andres bidrag og undgå at lade personlig stolthed stå i vejen.

Jomfruen

Kendetegn: Fuldmånen i jomfruen bringer fokus på detaljer, helbred og praktiske aspekter af livet. Det er en tid til at få

orden på tingene, færdiggøre opgaver og rydde op i både fysiske og mentale aspekter.

Opmærksomhedspunkter: Perfektionisme kan føre til selvkritik eller stress. Det er vigtigt at huske, at tingene langt fra behøver at være perfekte for at være gode nok.

Vægten

Kendetegn: Fuldmånen i vægten fremhæver relationer, balance og retfærdighed. Det er en tid, hvor partnerskaber og sociale interaktioner er i fokus. Der kan komme afsløringer omkring ubalancer i forhold, som nu skal adresseres.

Opmærksomhedspunkter: Frygt for konfrontation kan gøre det svært at tackle uenigheder. Det er vigtigt at finde modet til at skabe balance uden at ofre sine egne behov.

Skorpionen

Kendetegn: Fuldmånen i skorpionen bringer intense følelser, transformation og dybde. Hemmeligheder kan komme frem i lyset, og der er mulighed for dyb følelsesmæssig heling og afslutning.

Opmærksomhedspunkter: Besættelse eller jalousi kan dukke op. Det er vigtigt at arbejde på at give slip og acceptere forandring i stedet for at holde fast i kontrol.

Skytten

Kendetegn: Fuldmånen i skytten bringer ekspansive tanker, idealisme og behovet for eventyr frem i lyset. Det er en tid til at reflektere over livets større formål og de overordnede mål.

Opmærksomhedspunkter: Overoptimisme eller undgåelse af praktiske detaljer kan skabe problemer. Det er vigtigt at bevare jordforbindelsen, mens man stræber mod sine drømme.

Stenbukken

Kendetegn: Fuldmånen i stenbukken sætter fokus på ansvar, karriere og langsigtede mål. Der kan komme en kulmination på arbejdsrelaterede projekter, og det er en tid til at tage ansvar og være realistisk omkring mål og ambitioner.

Opmærksomhedspunkter: For meget fokus på arbejde kan føre til udbrændthed eller følelsesmæssig distancering. Husk at balancere karriere og personligt liv.

Vandbæreren

Kendetegn: Fuldmånen i vandbæreren handler om fællesskab, innovation og fremtidsvisioner. Det er en tid til at tænke ud af boksen og fokusere på kollektive interesser og humanitære projekter.

Opmærksomhedspunkter: Distance fra følelser og for meget fokus på det intellektuelle kan føre til manglende forbindelse med det emotionelle plan. Vær opmærksom på dine relationer til andre og dine egne følelser.

Fiskene

Kendetegn: Fuldmånen i fiskene bringer spiritualitet, intuition og kreativitet frem. Drømme og indre visdom kan blive forstærket, og det er en tid til at åbne op for åndelige oplevelser og kunstnerisk udtryk.

Opmærksomhedspunkter: Flugt fra virkeligheden eller følelsesmæssig forvirring kan være udfordrende. Det er vigtigt at finde en balance mellem fantasi og virkelighed.

Fuldmåner i de forskellige tegn inviterer os til at frigive det, der ikke længere tjener os, og de opfordrer os til at forstå de temaer, hvert tegn bringer med sig. Dette er en tid for indsigt og afslutning, hvor vi kan evaluere, justere og skabe plads til nye begyndelser.

Merkur i retrograd

Måske har du det også sådan, at du næsten stivner, når nogen nævner, at Merkur er i retrograd?

Merkur i retrograd er ofte forbundet med stor mystik og varsler om alskens ulykke. Men heldigvis kan du få masser af godt ud af perioden, når blot du er forberedt. Mest af alt handler udfaldet af Merkur i retrograd nemlig om den måde, du vælger at anskue det på.

På grund af den altid lydige Loven om Tiltrækning forstærkes det perspektiv, du har på Merkur i retrograd. Vælger du derfor at betragte Merkur i retrograd som en periode fyldt med forhindringer, problemer og udfordringer, kan du være helt sikker på, at det også bliver den virkelighed, du får.

Et andet perspektiv på Merkur i retrograd er, at naturen har indrettet det således, at vi helt automatisk ca. 3 gange om året får foræret 3 uger, hvor vi naturligt kan stoppe op og reflektere over vores gøren og laden.

Vælger du dette perspektiv på Merkur i retrograd, garanterer jeg dig for, at du har de bedste muligheder for at benytte Merkur i retrograd til din fordel. Energien der følger med, når Merkur går i retrograd, er nemlig helt ideel til at stoppe op og reflektere frem for blot at halse afsted. Alle aktiviteter, som du kan sætte 'gen-' foran, vil være måden at få mest ud af tiden, hvor Merkur er i retrograd. Find inspiration i listen nedenfor.

Frem for at gå i panik og gemme dig under dynerne minimum 3 gange 3 uger om året (den tid Merkur er i retrograd), så brug i stedet tiden således:

Retrograd er tiden, hvor du med fordel kan:

- Gentage
- Gentænke
- Genstarte

- Genoptage
- Genoverveje
- Gennemse dit næste skridt
- Genfinde ting der har været væk
- Gennemgå beslutninger en ekstra gang
- Genskabe relationer med venner og familie
  Genetablere nuværende aftaler og løfter, før du laver nye

På de næste sider finder du forslag til ritualer, du med fordel kan bruge forud for og i forbindelse med, at Merkur går i retrograd.

Ritualer ved Merkur i retrograd

Skriv dagbog

Et af de stærkeste redskaber, som jeg altid anbefaler uanset hvilken type energiarbejde, der er tale om, er at skrive dagbog om dine følelser og tanker. At få dine tanker ned på papir har flere fordele: dels sker der en proces i dig selv, når du skriver, dels bliver du bedre til at betragte dine tanker udefra som netop det, de er – tanker.

Tanker er blot konstruktioner og fortællinger, og de kan erstattes af andre fortællinger. Når du får dem ned på papir, bliver det langt lettere for dig at betragte dem som sådanne.

Alternativt kan du også skrive et taknemmelighedsbrev til dig selv, hvor du retter fokus på alt det, du har at være taknemmelig for. Taknemmelighed øger vibrationen. Jo mere du øger vibrationen, jo bedre ting tiltrækker du ind i dit liv.

Rens dit halschakra

I astrologien står Merkur blandt andet for kommunikation, og det vil derfor være gavnligt for dig under Merkur i retrograd at være opmærksom på dit halschakra. Dit halschakra er det chakra, som blandt andet er relateret til kommunikation og klar tale. Når Merkur er i retrograd, kan der være en risiko for, at der opstår misforståelser mellem mennesker, så derfor er det en god idé at give dit halschakra øget opmærksomhed under Merkur i retrograd.

Halschakraet er symboliseret ved den blå farve, og du kan derfor med fordel arbejde med denne farve. Du kan bære et blåt tørklæde om halsen, spise blåbær, eller bære en blå agat eller en blå lapis lazuli. Du kan også sige lyden "HUM", som vil hjælpe dit halschakra.

Lav et intentionslys

Et intentionslys er et lys, der bærer en intention. Ideelt set skal du bruge et mindre lys på størrelse med et juletræslys. Årsagen er, at et lys af denne størrelse brænder ned på en fornuftig tid, så du undgår at skulle sidde i flere timer og betragte det.

Eftersom Merkur er planeten, der har relation til kommunikationen, vil det være hensigtsmæssigt, hvis du bruger et blåt lys. I mangel af bedre kan du bruge, hvad du har.

Dernæst skal du bruge noget til at skrive på lyset med. Det kan være en spids blyant eller f.eks. en papirclips, som du folder ud, så du kan kradse din intention ind i lyset.

Begynd med at skrive dit navn på lyset, og skriv herefter dine intentioner på lyset. Sørg for, at du bruger ord, der er lette at forstå, og som er konkrete og præcise.

Det kan f.eks. være, at du skriver:

"Kærlig og åben dialog med min kæreste"

"Rigeligt med overflod på alle planer"

"Flere ideelle kunder"

Jo mere præcise du kan gøre dine intentioner, jo mere præcise bliver vibrationerne også. Og jo mere præcist kan Loven om Tiltrækning matche vibrationerne og give dig mere tilbage af det samme.

Når du har fyldt dit intentionslys med dine intentioner, skal du tænde en tændstik og smelte lidt stearin fra bunden af lyset ned på en lille tallerken eller et lille fad. Placer dit intentionslys i den smeltede stearin og tryk det godt på plads, så det bliver stående.

Betragt dit lys, mens det brænder ned, og hold dit fokus på dine intentioner. Når dit lys er brændt ned, så sig til dig selv:

"Og sådan er det."

På de følgende sider kan du se en oversigt over, hvornår Merkur er i retrograd de kommende fire år.

2025

15. marts til 7. april

18. juli til 11. august

9. november til 29. november

2026

26. februar til 20. marts

29. juni til 23. juli

24. oktober til 13. november

2027

9. februar til 3. marts

10. juni til 4. juli

7. oktober til 28. oktober

2028

24. januar til 14. februar

21. maj til 14. juni

19. september til 11. oktober

Følgende drømme og ønsker sætter jeg min intention for at manifestere i det kommende år:

Følgende drømme og ønsker sætter jeg min intention for at manifestere i det kommende år:

Følgende drømme og ønsker sætter jeg min intention for at manifestere i det kommende år:

Når jeg ved årets udgang har manifesteret mine ønsker og drømme, forestiller jeg mig at det vil føles på følgende måde:

Når jeg ved årets udgang har manifesteret mine ønsker og drømme, forestiller jeg mig at det vil føles på følgende måde:

Når jeg ved årets udgang har manifesteret mine ønsker og drømme, forestiller jeg mig at det vil føles på følgende måde:

JANUAR

*Det du giver fokus, energi og opmærksomhed
bliver det du tiltrækker*

Månedens ritualer

På en af årets første dage eller årets sidste dage sætter du dig med pen og papir. Det virker bare bedst, hvis du skriver i hånden.

Sæt uret til 20 minutter, og skriv herefter alle de ting ned, som du siger farvel til i det gamle år.

Alt det, som du under ingen omstændigheder ønsker skal være en del af dit nye år.

Dernæst tager du et nyt stykke papir og sætter uret igen på 20 minutter.

Skriv nu alt det ned, som du byder velkommen i det nye år. Alt det du ønsker, alt det du drømmer om osv.

Herefter kan du så vælge en facon, der passer dig.

Rent symbolsk brænder jeg brevet med det, jeg siger farvel til.

Brevet med håbet og ønskerne for fremtiden gemmer jeg i en tiltrækningsæske.

Uanset hvilken facon du vælger, vil du blive forbløffet over, hvor meget kraft der er i, at du nedskriver dine ønsker for fremtiden, og samtidig giver slip på det gamle.

Magien sker, når du gør plads til det nye.

Månedens intentioner

I den kommende måned har jeg besluttet at manifestere følgende:

Månedens intentioner

I den kommende måned har jeg besluttet at manifestere følgende:

JANUAR

1

Min vibration i dag:

JANUAR

2

Min vibration i dag:

JANUAR

3

Min vibration i dag:

JANUAR

4

Min vibration i dag:

JANUAR

5

Min vibration i dag:

JANUAR

6

Min vibration i dag:

JANUAR

7

Min vibration i dag:

JANUAR

8

Min vibration i dag:

JANUAR

9

Min vibration i dag:

JANUAR

10

Min vibration i dag:

JANUAR

11

Min vibration i dag:

JANUAR

12

Min vibration i dag:

JANUAR
13

Min vibration i dag:

JANUAR
14

Min vibration i dag:

JANUAR
15

Min vibration i dag:

JANUAR
16

Min vibration i dag:

JANUAR

17

Min vibration i dag:

JANUAR

18

Min vibration i dag:

JANUAR

19

Min vibration i dag:

JANUAR

20

Min vibration i dag:

JANUAR
21

Min vibration i dag:

JANUAR
22

Min vibration i dag:

JANUAR
23

Min vibration i dag:

JANUAR
24

Min vibration i dag:

JANUAR

25

Min vibration i dag:

JANUAR

26

Min vibration i dag:

JANUAR
27

Min vibration i dag:

JANUAR
28

Min vibration i dag:

JANUAR
29

Min vibration i dag:

JANUAR
30

Min vibration i dag:

JANUAR

31

Min vibration i dag:

Månedens status

I den forgangne måned har jeg manifesteret følgende:

FEBRUAR

Hvis du vil have et andet resultat, så må du sende en anden vibration

Månedens ritualer

Kyndelmisse eller imbolc, som fejres d. 1. februar, er tidspunktet mellem vintersolhverv og forårsjævndøgn. Altså tidspunktet hvor vi er i midten af vinteren.

Kyndelmisse falder d. 2. februar og er således både en vinterfest og en fejring af det spæde og tidlige forår. En markering af, at lyset nu for alvor begynder at vende tilbage.

Den keltiske gudinde Brigid forbindes ofte med imbolc og er tæt forbundet med både forår og ild. Brigid er gudinde for frugtbarhed, helbredelse og alt, der forbindes med fornyelse.

Kyndelmisse eller imbolc er tiden for fejringen af den første mælk og også tidspunktet, hvor de første lam og kalve fødes. Brigid forbindes derfor også ofte med "mælk".

Kyndelmisse kan opleves som en omskiftelig tid. Den energi, der er til stede på dette tidspunkt, laver et stort skift fra at have været næsten i dvale i vinterens mørke til pludselig at være arnestedet for det nye liv og de nye frø.

Det kræver energi.

Spørgsmål til refleksion:

Hvilke tanker og ideer bobler i det spæde i dit indre, og hvad føler du dig inspireret til at handle på, eller føler du dig trukket imod?

Hvad ønsker du for dig selv i det kommende år? Kig evt. tilbage på de refleksioner og tanker, du havde i forbindelse med vintersolhverv eller nytår.

Hvilke store drømme og ønsker har du for dig selv og for dit liv? Lad din fantasi folde sig ud og undgå at begrænse dig selv. Drøm stort.

Hvor oplever du ubehaget i forhold til, at du er tiltrukket af en drøm, en vision eller en idé – men samtidig føler du modstand på at rykke på dine drømme?

Hvad holder dig tilbage? Se om du kan identificere den modstand, du oplever. Hvad består den af? Er det måske fordi, du er bange, bekymret, eller tror du, at du er utilstrækkelig til at kunne opnå det, du ønsker?

Hvilke første små skridt kan du tage i retning af at realisere dine drømme?

Skriv mindst 10 forskellige ting, du kunne gøre. Lad tankerne og fantasien få frit løb.

Månedens intentioner

I den kommende måned har jeg besluttet at manifestere følgende:

Månedens intentioner

I den kommende måned har jeg besluttet at manifestere følgende:

FEBRUAR

1

Min vibration i dag:

FEBRUAR

2

Min vibration i dag:

FEBRUAR

3

Min vibration i dag:

FEBRUAR

4

Min vibration i dag:

FEBRUAR

5

Min vibration i dag:

FEBRUAR

6

Min vibration i dag:

FEBRUAR
7

Min vibration i dag:

FEBRUAR
8

Min vibration i dag:

FEBRUAR

9

Min vibration i dag:

FEBRUAR

10

Min vibration i dag:

FEBRUAR

11

Min vibration i dag:

FEBRUAR

12

Min vibration i dag:

FEBRUAR
13

Min vibration i dag:

FEBRUAR
14

Min vibration i dag:

FEBRUAR
15

Min vibration i dag:

FEBRUAR
16

Min vibration i dag:

FEBRUAR
17

Min vibration i dag:

FEBRUAR
18

Min vibration i dag:

FEBRUAR

19

Min vibration i dag:

FEBRUAR

20

Min vibration i dag:

FEBRUAR

21

Min vibration i dag:

FEBRUAR

22

Min vibration i dag:

FEBRUAR
23

Min vibration i dag:

FEBRUAR
24

Min vibration i dag:

FEBRUAR

25

Min vibration i dag:

FEBRUAR

26

Min vibration i dag:

FEBRUAR

27

Min vibration i dag:

FEBRUAR

28

Min vibration i dag:

FEBRUAR

29

Min vibration i dag:

Månedens status

I den forgangne måned har jeg manifesteret følgende:

MARTS

*Det du bruger din tid på,
er det du bruger dit liv på*

Månedens ritualer

Forårsjævndøgn betegner det tidspunkt på året, hvor dag og nat er lige lange. Tidspunktet hvor dagen efterfølgende vinder mere og mere over natten for til sidst at få overtaget.

Forårsjævndøgn falder enten d. 20. marts eller d. 21. marts.

Forårsjævndøgn er det perfekte tidspunkt for friske begyndelser, lancering af nye planer i den ydre verden og tidspunktet, hvor planer omsættes til handlinger.

Du kan bruge følgende ritual i forbindelse med forårsjævndøgn:

Hvis du har et stearinlys, kan du med fordel tænde det. Et tændt lys at kigge på hjælper altid med at holde fokus.

En lille bøn du kan sige inden i dig selv, for at hjælpe dig med at blive fokuseret og med at sætte intentionen:

"Velkommen forår. Jeg er så taknemmelig for, at du endelig er her. Jeg byder dig velkommen. Jeg er åben for din energi, der syder af nye begyndelser og nyt liv."

Skriv om følgende spørgsmål:

- På hvilke områder af mit liv ønsker jeg at se vækst og udvikling i den kommende tid?

- Hvad ønsker jeg skal blomstre i mig?

- Hvad er jeg særlig begejstret for i forhold til foråret, som er på vej?

- Hvilke første skridt kan jeg tage, så jeg får mest ud af foråret?

- På hvilke områder har jeg brug for at være mere åben?

- Hvilke intentioner og mål har jeg for den kommende tid?

Månedens intentioner

I den kommende måned har jeg besluttet at manifestere følgende:

Månedens intentioner

I den kommende måned har jeg besluttet at manifestere
følgende:

MARTS

1

Min vibration i dag:

MARTS

2

Min vibration i dag:

MARTS

3

Min vibration i dag:

MARTS

4

Min vibration i dag:

MARTS

5

Min vibration i dag:

MARTS

6

Min vibration i dag:

MARTS

7

Min vibration i dag:

MARTS

8

Min vibration i dag:

MARTS

9

Min vibration i dag:

MARTS

10

Min vibration i dag:

MARTS

11

Min vibration i dag:

MARTS

12

Min vibration i dag:

MARTS
13

Min vibration i dag:

MARTS
14

Min vibration i dag:

MARTS

15

Min vibration i dag:

MARTS

16

Min vibration i dag:

MARTS

17

Min vibration i dag:

MARTS

18

Min vibration i dag:

MARTS

19

Min vibration i dag:

MARTS

20

Min vibration i dag:

MARTS

21

Min vibration i dag:

MARTS

22

Min vibration i dag:

MARTS

23

Min vibration i dag:

MARTS

24

Min vibration i dag:

MARTS

25

Min vibration i dag:

MARTS

26

Min vibration i dag:

MARTS

27

Min vibration i dag:

MARTS

28

Min vibration i dag:

MARTS

29

Min vibration i dag:

MARTS

30

Min vibration i dag:

MARTS

31

Min vibration i dag:

Månedens status
I den forgangne måned har jeg manifesteret følgende:

APRIL

*Det du tror om dig selv og om livet,
bliver din virkelighed*

Månedens ritualer

April er en måned, hvor naturen genopstår efter vinteren, og det er en tid med vækst, fornyelse og nye begyndelser. I det følgende finder du nogle ritualer, du kan udføre for at forbinde dig med den energi, der er til stede i april:

Forårsrengøring af energi:

Gør din fysiske og spirituelle plads ren. Ryd op i dit hjem, og brug tid på at rense din energi. Dette kan involvere meditation, røgelse, eller at arbejde med krystaller som klar kvarts for at rydde ud i gamle energier.

Jordforbindelse:

Gå udenfor og tilbring tid i naturen. Mærk forbindelsen til jorden, og lad dens energi oplade dig. Overvej at lave en jordforbindelsesmeditation, hvor du visualiserer rødder, der strækker sig ned i jorden og forbinder dig med dens stabile, nærende energi.

Planteritual:

Plant nogle frø eller blomster i din have eller indendørs. Mens du gør dette, kan du visualisere dine egne mål og drømme som frø, der spirer og vokser. Dette ritual symboliserer personlig vækst og nye begyndelser.

Refleksion og intention:

Skriv en liste over dine intentioner og mål for den kommende tid. April er en tid for nye begyndelser, så det er en god anledning til at sætte intentioner for, hvad du ønsker at opnå eller ændre i dit liv.

Disse ritualer kan hjælpe dig med at forbinde dig med april måneds energi og støtte din personlige udvikling.

Månedens intentioner

I den kommende måned har jeg besluttet at manifestere
følgende:

Månedens intentioner

I den kommende måned har jeg besluttet at manifestere følgende:

APRIL

1

Min vibration i dag:

APRIL

2

Min vibration i dag:

APRIL

3

Min vibration i dag:

APRIL

4

Min vibration i dag:

APRIL

5

Min vibration i dag:

APRIL

6

Min vibration i dag:

APRIL

7

Min vibration i dag:

APRIL

8

Min vibration i dag:

APRIL

9

Min vibration i dag:

APRIL

10

Min vibration i dag:

APRIL

11

Min vibration i dag:

APRIL

12

Min vibration i dag:

APRIL

13

Min vibration i dag:

APRIL

14

Min vibration i dag:

APRIL

15

Min vibration i dag:

APRIL

16

Min vibration i dag:

APRIL

17

Min vibration i dag:

APRIL

18

Min vibration i dag:

APRIL

19

Min vibration i dag:

APRIL

20

Min vibration i dag:

APRIL

21

Min vibration i dag:

APRIL

22

Min vibration i dag:

APRIL

23

Min vibration i dag:

APRIL

24

Min vibration i dag:

APRIL

25

Min vibration i dag:

APRIL

26

Min vibration i dag:

APRIL

27

Min vibration i dag:

APRIL

28

Min vibration i dag:

APRIL

29

Min vibration i dag:

APRIL

30

Min vibration i dag:

Månedens status

I den forgangne måned har jeg manifesteret følgende:

MAJ

Hvis du helst er fri for det, så undgå
at give det opmærksomhed

Månedens ritualer

Maj er en måned præget af blomstring, vækst og frugtbarhed, og energien i denne tid er kraftfuld og livgivende. Beltane som falder d. 1. maj markerer overgangen fra forår til sommer og fejrer vitalitet, kærlighed og naturens overflod.

Herunder finder du nogle ritualer, du kan udføre i maj for at arbejde med denne energi:

Beltane Ildritual:
Beltane er traditionelt forbundet med ildens kraft, som symboliserer transformation og fornyelse. Du kan tænde et bål eller et stearinlys og bruge ilden som en måde at rense dine intentioner og slippe af med gamle energier. Se for dig hvordan flammen brænder negative følelser og begrænsende overbevisninger væk, og forestil dig, at du bliver fyldt op med ny energi og livskraft.

Blomstermagi:
Maj er en måned, hvor naturen blomstrer, så du kan med stor fordel arbejde med blomster, som en del af dine ritualer. Lav en blomsterkrans eller buket og brug blomsterne til at symbolisere kærlighed, overflod og frugtbarhed.

Hvis du vil gøre ekstra meget ud af Beltane-fejringen kan du også lave en blomsterkrans eller bruge blomsterne som en offergave til moder natur for at ære naturens kraft.

Frugtbarheds- og manifestationsritual:
Beltane er som sagt en fejring af frugtbarhed langt fra kun i den fysiske forstand, men også i forbindelse med kreativitet og nye projekter. Lav et ritual, hvor du sætter intentioner for, hvad du ønsker at skabe og manifestere i dit liv. Dette kan være nye relationer, projekter eller selvudviklingsmål. Tænd et lys, og se for dig hvordan dine intentioner spirer og vokser, ligesom naturen omkring dig.

Fejring af kærlighed og relationer:

Beltane er kendt for sin forbindelse til kærlighed og relationer. Lav et ritual, hvor du fejrer kærlighed. Det kan være selvkærlighed, romantisk kærlighed eller kærlighed til andre i dit liv. Brug roser, honning eller andre symboler på kærlighed i ritualet, og brug tiden til at reflektere over, hvordan du kan bringe mere kærlighed ind i dit liv.

Månedens intentioner

I den kommende måned har jeg besluttet at manifestere følgende:

Månedens intentioner

I den kommende måned har jeg besluttet at manifestere følgende:

MAJ

1

Min vibration i dag:

MAJ

2

Min vibration i dag:

MAJ

3

Min vibration i dag:

MAJ

4

Min vibration i dag:

MAJ

5

Min vibration i dag:

MAJ

6

Min vibration i dag:

MAJ

7

Min vibration i dag:

MAJ

8

Min vibration i dag:

MAJ

9

Min vibration i dag:

MAJ

10

Min vibration i dag:

MAJ

11

Min vibration i dag:

MAJ

12

Min vibration i dag:

MAJ

13

Min vibration i dag:

___

MAJ

14

Min vibration i dag:

MAJ

15

Min vibration i dag:

MAJ

16

Min vibration i dag:

MAJ

17

Min vibration i dag:

MAJ

18

Min vibration i dag:

MAJ
19

Min vibration i dag:

MAJ
20

Min vibration i dag:

MAJ

21

Min vibration i dag:

MAJ

22

Min vibration i dag:

MAJ

23

Min vibration i dag:

MAJ

24

Min vibration i dag:

MAJ

25

Min vibration i dag:

MAJ

26

Min vibration i dag:

MAJ

27

Min vibration i dag:

MAJ

28

Min vibration i dag:

MAJ
29

Min vibration i dag:

MAJ
30

Min vibration i dag:

MAJ

31

Min vibration i dag:

Månedens status

I den forgangne måned har jeg manifesteret følgende:

JUNI

*Den eneste måde at blive mere positiv på, er
ved at blive mindre negativ*

Månedens ritualer

Midsommer er fejring af livet selv og indbegrebet af manifestationen. Her står alt i fuldt flor. Den energi, der knytter sig til sommersolhverv, er at få så meget som muligt ud af øjeblikket lige nu. Jo bedre du har det lige nu, jo mere får du ud af det næste øjeblik, der kommer, og det næste og det næste. Det, du dyrker nu, kommer tilbage tifold.

Sommersolhverv falder d. 21. juni.

Herunder finder du inspiration til dit eget sommersolhvervsritual samt refleksioner, du kan gøre dig i forbindelse med dette magiske tidspunkt.

Sådan gør du:

Find et sted, hvor du kan lægge dig ned på ryggen med ansigtet mod solen. Luk dine øjne og tag et par dybe vejrtrækninger, så du skaber jordforbindelse. I takt med at du trækker vejret ind og ud, så tænk over din indre styrke - din indre ild.

Den del af dig selv, som er selvsikker og stærk, og som tror på sig selv. Se den version af dig selv for dit indre øje sammen med en flamme, der brænder i dig. En stærk og solid flamme.

Mærk, hvordan solen fra sommersolhverv skinner på dig. Lad dig selv blive et med solen.

Brug et øjeblik på at bringe dig selv tilbage. Når du rejser dig, så føl forandringen og hvor meget stærkere og glødende magnetisk du føler dig.

Stil dig selv følgende spørgsmål:

- Hvad vil min indre ild fortælle mig?

- Hvad har min indre ild hjulpet mig med at opnå?

- Ved sommersolhverv står solen højest på himlen. Skriv om et tidspunkt for nyligt, hvor du har været højt oppe.

- Hvilke øjeblikke har du haft de sidste 6 måneder, hvor du har været højt oppe?

- Hvad er du lykkedes med?

- Hvilke ting, mennesker og omstændigheder i dit liv har nået sin afslutning?

- Hvad har du brug for at give slip på?

- Hvordan vil det hjælpe dig med at nå dine mål, når du giver slip på disse ting?

Tænd et bål eller et lys og kig på flammerne, mens du mentalt smider de ting ind i ilden og flammerne, som du vil slippe. Når flammen brænder, brænder den også alt væk, som har udtjent sit formål.

Sommersolhverv er også tidspunktet til at give slip på ting, mennesker og omstændigheder, som er brændt ud, og som du er færdig med.

Månedens intentioner

I den kommende måned har jeg besluttet at manifestere følgende:

Månedens intentioner

I den kommende måned har jeg besluttet at manifestere følgende:

JUNI

1

Min vibration i dag:

JUNI

2

Min vibration i dag:

JUNI
3

Min vibration i dag:

JUNI
4

Min vibration i dag:

JUNI

5

Min vibration i dag:

JUNI

6

Min vibration i dag:

JUNI
7

Min vibration i dag:

JUNI
8

Min vibration i dag:

JUNI
9

Min vibration i dag:

___

JUNI
10

Min vibration i dag:

JUNI

11

Min vibration i dag:

JUNI

12

Min vibration i dag:

JUNI

13

Min vibration i dag:

JUNI

14

Min vibration i dag:

JUNI

15

Min vibration i dag:

JUNI

16

Min vibration i dag:

JUNI
17

Min vibration i dag:

JUNI
18

Min vibration i dag:

JUNI

19

Min vibration i dag:

JUNI

20

Min vibration i dag:

JUNI

21

Min vibration i dag:

JUNI

22

Min vibration i dag:

JUNI

23

Min vibration i dag:

JUNI

24

Min vibration i dag:

JUNI

25

Min vibration i dag:

JUNI

26

Min vibration i dag:

JUNI

27

Min vibration i dag:

JUNI

28

Min vibration i dag:

JUNI

29

Min vibration i dag:

JUNI

30

Min vibration i dag:

Månedens status

I den forgangne måned har jeg manifesteret følgende:

JULI

Ting kan godt eksistere, selvom du har svært ved at se dem

Månedens ritualer

Juli er ofte præget af sommerens varme, fylde og aktivitet. Det er en tid for ekspansion, nydelse og refleksion over dine fremskridt. Her under finder du nogle ritualer, du kan udføre for at forbinde dig med juli måneds energi:

Sommersolhverv refleksion:

Selv om solhverv er i juni, er juli en god tid til at reflektere over de intentioner, du satte under solhvervet. Evaluer dine fremskridt og juster dine mål om nødvendigt. Overvej at skrive dagbog over, hvordan du har udviklet dig, og hvad du ønsker at fokusere på i den kommende tid.

Vandritualer:

Juli kan være en varm måned, og vand kan være en kilde til forfriskning og fornyelse. Tag en dukkert i havet, en sø eller en havet. Mens du er i eller ved vandet, kan du meditativt tænke på, hvordan vandet renser og fornyer din energi.

Fejring af kreativitet og ekspansion:

Deltag i aktiviteter, der fremmer din kreativitet. Dette kan være kunst, musik, dans eller skrivning. Tillad dig selv at udforske nye idéer og udvide din kreative horisont. Dette ritual kan hjælpe med at åbne op for nye muligheder og perspektiver i dit liv.

Sommerfest-ritual:

Afhold en lille sommerfest for dig selv eller sammen med venner. Dette ritual handler om at fejre livet og de små glæder. Gør noget, der bringer dig glæde og fornyet energi, som at lave en lækker middag, nyde naturen eller dele gode stunder med dine nærmeste.

Solnedgangs-meditation:

Find et sted, hvor du kan se solnedgangen, og lav en meditation med fokus på afslutning og refleksion. Se solens nedgang som et symbol på at lukke kapitler og forberede dig på nye begyndelser. Tænk over, hvad du har opnået, og hvad du ønsker at manifestere fremadrettet.

Naturvandring og taknemmelighed:

Gå en tur i naturen og brug tiden til at føle taknemmelighed for de oplevelser, du har haft. At være i naturen kan hjælpe med at centrere dig og minde dig om de enkle glæder i livet. Mens du går, kan du gentage en taknemmelighedsmeditation, hvor du anerkender de gode ting i dit liv.

Disse ritualer kan hjælpe dig med at udnytte juli måneds energi og støtte din fortsatte personlige vækst og velvære.

Månedens intentioner

I den kommende måned har jeg besluttet at manifestere følgende:

Månedens intentioner

I den kommende måned har jeg besluttet at manifestere følgende:

JULI

1

Min vibration i dag:

JULI

2

Min vibration i dag:

JULI

3

Min vibration i dag:

JULI

4

Min vibration i dag:

JULI

5

Min vibration i dag:

JULI

6

Min vibration i dag:

JULI

7

Min vibration i dag:

JULI

8

Min vibration i dag:

JULI

9

Min vibration i dag:

JULI

10

Min vibration i dag:

JULI

11

Min vibration i dag:

JULI

12

Min vibration i dag:

JULI

13

Min vibration i dag:

JULI

14

Min vibration i dag:

JULI

15

Min vibration i dag:

JULI

16

Min vibration i dag:

JULI
17

Min vibration i dag:

JULI
18

Min vibration i dag:

JULI

19

Min vibration i dag:

JULI

20

Min vibration i dag:

JULI

21

Min vibration i dag:

JULI

22

Min vibration i dag:

JULI

23

Min vibration i dag:

JULI

24

Min vibration i dag:

JULI
25

Min vibration i dag:

JULI
26

Min vibration i dag:

JULI

27

Min vibration i dag:

JULI

28

Min vibration i dag:

JULI

29

Min vibration i dag:

JULI

30

Min vibration i dag:

31

Min vibration i dag:

Månedens status

I den forgangne måned har jeg manifesteret følgende:

AUGUST

Tvivl er troen på at det vil mislykkes

Månedens ritualer

Lion's gate portalen falder hvert år d. 8. august og skaber således en ekstra stærk energi i vores univers. Den korte forklaring er, at vores sol (som også er herskeren i løvens tegn) står på linje med stjernen Sirius, som har en højere vibration end det, vi er vant til her på jorden.

Tidspunktet omkring Lion's gate portalen er således en åben dør til transformation og manifestation. Det er det helt rette tidspunkt at trække i arbejdstøjet og fokusere på det, du brændende ønsker dig.

Lion's gate portalen symboliserer forvandlingen og transformationen fra et vibrationsmæssigt niveau til det næste.

Vær opmærksom på, hvad du føler dig kaldet og trukket af i de kommende dage. Følg de inspirerede tanker!

Sæt din intention og brug god tid på at besvare de følgende spørgsmål:

- Hvordan kan jeg træde mere frem på scenen uden at undskylde for mig selv?

- Hvordan kan jeg gøre det lettere og sjovere for mig selv?

- Hvordan kan jeg sænke mine parader og være mindre på vagt?

- Hvordan kan jeg opnå mere tillid til Universet?

- Hvordan kan jeg træde mere frem på scenen uden at undskylde for mig selv?

- Hvordan kan jeg gøre det lettere og sjovere for mig selv?

- Hvordan kan jeg sænke mine parader og være mindre på vagt?

- Hvordan kan jeg opnå mere tillid til Universet?

- Hvilke ting, mennesker og omstændigheder i dit liv har nået sin afslutning?

- Hvad har du brug for at give slip på?

- Hvordan vil det hjælpe dig med at nå dine mål, når du giver slip på disse ting?

Tænd et bål eller et lys og kig på flammerne, mens du mentalt smider de ting ind i ilden og flammerne, som du vil slippe.

Månedens intentioner

I den kommende måned har jeg besluttet at manifestere følgende:

Månedens intentioner

I den kommende måned har jeg besluttet at manifestere følgende:

AUGUST

1

Min vibration i dag:

AUGUST

2

Min vibration i dag:

AUGUST
3

Min vibration i dag:

AUGUST
4

Min vibration i dag:

AUGUST

5

Min vibration i dag:

AUGUST

6

Min vibration i dag:

AUGUST

7

Min vibration i dag:

AUGUST

8

Min vibration i dag:

AUGUST

9

Min vibration i dag:

AUGUST

10

Min vibration i dag:

AUGUST
11

Min vibration i dag:

AUGUST
12

Min vibration i dag:

AUGUST
13

Min vibration i dag:

AUGUST
14

Min vibration i dag:

AUGUST

15

Min vibration i dag:

AUGUST

16

Min vibration i dag:

AUGUST

17

Min vibration i dag:

___

AUGUST

18

Min vibration i dag:

AUGUST
19

Min vibration i dag:

AUGUST
20

Min vibration i dag:

AUGUST

21

Min vibration i dag:

AUGUST

22

Min vibration i dag:

AUGUST
23

Min vibration i dag:

AUGUST
24

Min vibration i dag:

AUGUST
25

Min vibration i dag:

AUGUST
26

Min vibration i dag:

AUGUST

27

Min vibration i dag:

AUGUST

28

Min vibration i dag:

AUGUST
29

Min vibration i dag:

AUGUST
30

Min vibration i dag:

AUGUST
31

Min vibration i dag:

Månedens status

I den forgangne måned har jeg manifesteret følgende:

SEPTEMBER

*Loven om Tiltrækning virker uanset om du tror
på den eller ej*

Månedens ritualer

Efterårsjævndøgn falder d. 21. september eller d. 22. september. Igen på dette tidspunkt er dag og nat lige lange. Fra nu af tager mørket til, og nætterne bliver længere end dagene.

Det er nu, mørkets energi begynder, og på dette tidspunkt er mørkets og jordens energi stærkest.

Efterårsjævndøgn er tiden for selvransagelse og eftertænksomhed. Det er det helt ideelle tidspunkt at gøre status. Overvej, hvad det er, du giver slip på, for at kunne gøre klar til vinterens renselse.

Herunder finder du inspiration til dit eget ritual, som du kan bruge i forbindelse med efterårsjævndøgn.

Du skal bruge:

Lys, tændstikker, pen og papir – meget gerne røgelse, f.eks. hvid salvie, krystaller for at gøre det ekstra festligt, og alt andet der også kalder på dig, og føles rigtigt for dig.

For at skabe forbindelse til denne årstids stærke energi, som i den grad er fokuseret på taknemmelighed, som er blevet bygget op siden Lughnasa, og som du også kan bruge som brændstof for din egen personlige udvikling og forandring i løbet af efteråret.

- Skab et stille rum for dig selv – det kan du gøre ved at sætte dig et sted, hvor du ved, du kan sidde uforstyrret. Luk øjnene og tag et par dybe indåndinger. Læg begge hænder på dit hjertechakra, og lad din krop og dit fokus falde til ro, mens du lader din opmærksomhed søge indad.

- Bed om vejledning – uanset hvem du plejer at bede om hjælp, så bed dem om at være til stede og guide dig i

dit arbejde med din egen udvikling. Bed om, at alle beskeder og vejledninger er klare, kærlige og meningsfyldte.

- Hvad er dine yndlingsminder fra sommeren, som har været? Genkald dig de gode oplevelser, du har haft, og skriv dem ned. Det er rart at se tilbage på, når vinterens mørke omkranser os. Hvad har du været taknemmelig for i løbet af sommeren? Hvad har næret dig og gjort dig godt?

Månedens intentioner

I den kommende måned har jeg besluttet at manifestere følgende:

Månedens intentioner

I den kommende måned har jeg besluttet at manifestere følgende:

SEPTEMBER
1

Min vibration i dag:

SEPTEMBER
2

Min vibration i dag:

SEPTEMBER
3

Min vibration i dag:

SEPTEMBER
4

Min vibration i dag:

SEPTEMBER
5

Min vibration i dag:

SEPTEMBER
6

Min vibration i dag:

SEPTEMBER

7

Min vibration i dag:

SEPTEMBER

8

Min vibration i dag:

SEPTEMBER
9

Min vibration i dag:

SEPTEMBER
10

Min vibration i dag:

SEPTEMBER

11

Min vibration i dag:

SEPTEMBER

12

Min vibration i dag:

SEPTEMBER

13

Min vibration i dag:

SEPTEMBER

14

Min vibration i dag:

SEPTEMBER
15

Min vibration i dag:

SEPTEMBER
16

Min vibration i dag:

SEPTEMBER
17

Min vibration i dag:

SEPTEMBER
18

Min vibration i dag:

SEPTEMBER
19

Min vibration i dag:

SEPTEMBER
20

Min vibration i dag:

SEPTEMBER
21

Min vibration i dag:

SEPTEMBER
22

Min vibration i dag:

SEPTEMBER
23

Min vibration i dag:

SEPTEMBER
24

Min vibration i dag:

SEPTEMBER
25

Min vibration i dag:

SEPTEMBER
26

Min vibration i dag:

SEPTEMBER
27

Min vibration i dag:

SEPTEMBER
28

Min vibration i dag:

SEPTEMBER
29

Min vibration i dag:

SEPTEMBER
30

Min vibration i dag:

Månedens status
I den forgangne måned har jeg manifesteret følgende:

OKTOBER

Hvis du vil have et andet resultat, så må du sende en anden vibration

Månedens ritualer

"Samhain" stammer fra keltisk og betyder "sommerens ende." Samhain markerer overgangen fra sommer til vinter og regnes traditionelt som det keltiske nytår.

Samhain fejres normalt fra den 31. oktober til 1. november og falder sammen med vores moderne Halloween.

Det er dog vigtigt at holde sig for øje at Halloween og Samhain er to forskellige ting, omend de har visse fællestræk.

Den keltiske festival, Samhain, har rødder i gammel keltisk mytologi, hvor man troede på, at grænserne mellem den fysiske verden og åndeverdenen blev mere flydende under Samhain.

Ved Samhain fejrer man også afslutningen på høsten, og samtidig er det en forberedelse til vinteren.

Samhain falder midt mellem efterårsjævndøgn og vintersolhverv. Det er tydeligt, at efteråret nu for alvor har gjort sit indtog. Ved efterårsjævndøgn var energien stadig blandet med sommerens energi. Et tidspunkt, hvor vi søgte efter balancen mellem vores indre og ydre verden. Vi svingede mellem sommerens udadvendte energi. Samtidig mærkede vi også efteråret, der var på vej, og som naturligt betyder, at alt begynder at trække sig tilbage til sit indre.

Det gælder også menneskene.

Når vi når til Samhain, bliver det dog klart, at vores indre verden kommer til at fylde mere end den ydre.

Dagene bliver mørkere og kortere i takt med, at vi bevæger os ind i den mørke side af årets hjul. På dette tidspunkt trækker vi os mere og mere væk fra den ydre verden og lader vores energi vende sig indad, på samme måde som det også sker i naturen.

I naturen må planter og blomster dø og visne hen, for at energien kan trække sig tilbage. Samhain er også en fejring af døden omend i overført betydning.

Samhain er det tidspunkt på året, hvor vi holder en pause for at anerkende vigtigheden af døden i livets cyklus. At værdsætte den afgørende rolle, som døden spiller, også på vores spirituelle rejse. For at vi kan vokse og udvikle os og komme højere op på vibrationsstigen, er det en forudsætning, at vores ego dør.

Således er Samhain også det ideelle tidspunkt, hvor vi trækker vores egen energi hjem og arbejder på os selv på et indre plan de næste måneder. Slut fred med dig selv på dette tidspunkt. Undgå at skamme det ud, som måtte komme op til overfladen. Bare følg dit eget flow og observer, hvad der sker i dig. Betragt dit indre liv uden at dømme det.

Den mørke del af årets hjul minder dig om, at det er unødvendigt at frygte mørket. Der er meget skønhed i disse mørke dage. Magien og livet begynder i mørket. Vær aldrig tilbageholdende med at turde kigge på dine mørke sider.

Her ved Samhain hvor mørket rykker tættere på, så stil dig selv spørgsmålene:

- Hvilket budskab har mine mørkere sider og skygger til mig?

- Hvad ser jeg, når jeg kigger på dem uden fordømmelse, men i stedet med barmhjertighed?

- Hvilken magi skaber jeg i mørket?

Samhain er sæsonen, hvor alt går til grunde og dør. Det er tidspunktet, hvor alt visner og dør hen i naturen for at give plads til nyt liv, der kommer til næste år, når lyset for alvor vender tilbage.

Så giv slip på alt det, der har brug for at visne og dø hen, og byd i stedet velkommen til magien og mulighederne, der kan få rum i den nye plads, du skaber.

Det er en voldsomt stærk tid til at skabe magi og til at manifestere. Her under finder du fem ritualer, der hjælper dig med at skabe forbindelse med energierne ved Samhain.

Selvransagelse og refleksion

Formål:
At reflektere over det forgangne år og identificere områder, hvor du ønsker forandring.

Ritual:
Sæt dig i et roligt rum med et stearinlys og et stykke papir. Skriv ned hvad du har lært det seneste år, og hvad du ønsker at give slip på. Lav en lille ceremoni, hvor du brænder papiret (i sikkerhed) for at symbolisere, at du slipper det gamle og åbner dig for nye begyndelser.

At ære dine forfædre

Formål:
At ære og mindes dine forfædre og de tidligere generationer, som Samhain traditionelt er knyttet til.

Ritual:
Lav et lille alter med billeder af dine forfædre, med stearinlys, og måske nogle af deres yndlingsgenstande. Tænd lysene og brug tid på at sende tak og kærlighed til dem. Brug denne tid til at reflektere over, hvordan deres liv har formet din egen rejse.

Oprydning og renselse

Formål:
At forberede dig på det nye år ved at rydde op i dit fysiske og følelsesmæssige rum.

Ritual:
Gennemgå dit hjem og fjern ting, du for længst er færdig med at bruge, eller som for længst er færdige med at tjene dig. Såfremt det giver mening for dig, kan du overveje også at lave en mere spirituel renselse af dit hjem med røgelse, som f.eks. hvid salvie, for at fjerne negativ energi.

Lav et visionboard

Formål:
At visualisere og manifestere dine ønsker for det kommende år.

Ritual: Saml billeder, ord, og symboler, der repræsenterer dine mål og ønsker. Lav et visionboard, hvor du sætter disse elementer sammen på et underlag. Brug tid på at meditere over din dine drømme, ønsker og længsler og forestil dig, at du har realiseret det du drømmer om.

Vil du have yderligere inspiration og vejledning til, hvordan du skaber et visionboard, som rent faktisk virker og giver dig resultater, så finder du hele trin-for-trin opskriften i min bog: *"Visionboard – Sådan gør du dine drømme til virkelighed"*

Månedens intentioner

I den kommende måned har jeg besluttet at manifestere følgende:

Månedens intentioner

I den kommende måned har jeg besluttet at manifestere følgende:

OKTOBER

1

Min vibration i dag:

OKTOBER

2

Min vibration i dag:

OKTOBER

3

Min vibration i dag:

OKTOBER

4

Min vibration i dag:

OKTOBER

5

Min vibration i dag:

OKTOBER

6

Min vibration i dag:

OKTOBER

7

Min vibration i dag:

OKTOBER

8

Min vibration i dag:

OKTOBER
9

Min vibration i dag:

OKTOBER
10

Min vibration i dag:

OKTOBER

11

Min vibration i dag:

OKTOBER

12

Min vibration i dag:

OKTOBER

13

Min vibration i dag:

OKTOBER

14

Min vibration i dag:

OKTOBER
15

Min vibration i dag:

OKTOBER
16

Min vibration i dag:

OKTOBER
17

Min vibration i dag:

OKTOBER
18

Min vibration i dag:

OKTOBER

19

Min vibration i dag:

OKTOBER

20

Min vibration i dag:

OKTOBER
21

Min vibration i dag:

OKTOBER
22

Min vibration i dag:

OKTOBER

23

Min vibration i dag:

OKTOBER

24

Min vibration i dag:

OKTOBER

25

Min vibration i dag:

OKTOBER

26

Min vibration i dag:

OKTOBER

27

Min vibration i dag:

OKTOBER

28

OKTOBER
29

Min vibration i dag:

OKTOBER
30

Min vibration i dag:

31

Min vibration i dag:

Månedens status

I den forgangne måned har jeg manifesteret følgende:

NOVEMBER

Jo bedre det bliver, jo bedre bliver det

Månedens ritualer

November er en måned, hvor vi ofte oplever overgangen fra efterår til vinter, og det er en tid til at kigge indad og ofte også en tid for taknemmelighed. Her er nogle ritualer, du kan udføre for at forbinde dig med november måneds energi:

Efterårsrengøring af energi:

Ligesom efteråret er en tid for at rydde op og forberede sig på vinteren, kan du med fordel lave en efterårsrengøring. Du kan f.eks. bruge røgelse i form af salvie til at fjerne gamle energier og skabe plads til nyt.

Meditation på selvrefleksion:

November er en god tid til at vende blikket ind ad og til selvrefleksion. Praktiser meditation, hvor du fokuserer på at forstå dine indre tanker og følelser. Visualiser dig selv som et træ med dybe rødder, der forbinder dig til din indre kerne og hjælper dig med at finde klarhed og indsigt.

Forberedelse til vinteren:

Begynd at forberede dig på vinterens stille tid ved at lave en plan for, hvordan du vil pleje dig selv i de kommende kolde måneder. Dette kan inkludere at skabe en varm, hyggelig atmosfære i dit hjem eller at planlægge tid til indre arbejde og selvpleje.

Lys ritual:

Novembers mørkere dage kan være en god anledning til at fejre lysets betydning. Tænd stearinlys, lav et lysritual, og visualiser, hvordan lyset fylder dit hjem og dit sind med varme og klarhed. Dette kan være i form af bøn eller meditation, hvor du beder om vejledning og lys på din vej.

Samtale med naturen:

Tag en tur ud i naturen og brug tid på at observere efterårets skønhed. Saml efterårsblade eller andre naturlige skatter som et symbol på overgang og forvandling. Mens du er ude i naturen, kan du lave en stille meditation og lytte til naturens lyde.

Gavmildheds ritual:

November kan være en tid for gavmildhed og at give tilbage. Find en måde at hjælpe andre på, uanset om det er gennem frivilligt arbejde, at donere til velgørenhed eller at hjælpe en ven i nød. Dette ritual kan hjælpe dig med at føle forbindelse til andre og skabe en følelse af fællesskab og formål.

Disse ritualer kan hjælpe dig med at udnytte november måneds energi og støtte din personlige vækst og indre fred.

Månedens intentioner

I den kommende måned har jeg besluttet at manifestere følgende:

Månedens intentioner

I den kommende måned har jeg besluttet at manifestere
følgende:

NOVEMBER

1

Min vibration i dag:

NOVEMBER

2

Min vibration i dag:

NOVEMBER

3

Min vibration i dag:

NOVEMBER

4

Min vibration i dag:

NOVEMBER

5

Min vibration i dag:

NOVEMBER

6

Min vibration i dag:

NOVEMBER

7

Min vibration i dag:

NOVEMBER

8

Min vibration i dag:

9

Min vibration i dag:

10

Min vibration i dag:

NOVEMBER

11

Min vibration i dag:

NOVEMBER

12

Min vibration i dag:

NOVEMBER

13

Min vibration i dag:

NOVEMBER

14

Min vibration i dag:

NOVEMBER

15

Min vibration i dag:

NOVEMBER

16

Min vibration i dag:

NOVEMBER

17

Min vibration i dag:

NOVEMBER

18

Min vibration i dag:

NOVEMBER
19

Min vibration i dag:

___

NOVEMBER
20

Min vibration i dag:

NOVEMBER

21

Min vibration i dag:

NOVEMBER

22

Min vibration i dag:

NOVEMBER

23

Min vibration i dag:

NOVEMBER

24

Min vibration i dag:

NOVEMBER
25

Min vibration i dag:

NOVEMBER
26

Min vibration i dag:

NOVEMBER

27

Min vibration i dag:

NOVEMBER

28

Min vibration i dag:

NOVEMBER
29

Min vibration i dag:

NOVEMBER
30

Min vibration i dag:

Månedens status

I den forgangne måned har jeg manifesteret følgende:

DECEMBER

Loven om Tiltrækning er ikke julemanden, som giver dig, hvad du ønsker dig. Loven om Tiltrækning matcher din vibration

Månedens ritualer

Vintersolhverv falder enten d. 21. december eller d. 22. december. Endelig vinder lyset igen over mørket, og dagene bliver længere. Lyset er på vej. En tid, der er kendetegnet ved stilhed og renselse. Vinterens energi er det perfekte tidspunkt til at rense ud og gøre plads til forårets komme.

Herunder finder du inspiration til dit eget vintersolhvervs ritual:

Du kan tænde et stort lys og sætte det i en cirkel som et symbol på solen. Begynd med at reflektere over, hvorfor vintersolhverv er vigtigt.

Når vi tænker tilbage på sommeren, hvor solen stod på sit højeste til sommersolhverv, er dagene siden blevet kortere og kortere, og nu er vi her på årets korteste dag.

Dagen, der er mindst lys, men samtidig også dagen, der markerer, at lyset nu gradvist begynder at vende tilbage.

Allerede dagen efter vintersolhverv bliver dagen og lyset tiltagende. Men på dagen for vintersolhverv er det den mørkeste dag. Mørket kan være skræmmende, fordi vi er mindre vant til det. Men vi har brug for mørket.

Vi bliver skabt i mørket, mens vi ligger i moders mave. Alt der vokser og gror, udvikler sig også i mørket. Det er også i mørket, at vi hviler og i drømme at vi drømmer drømme. I mørket fødes nye drømme. Og kun på grund af mørket ser vi lyset.

Så send en venlig tanke til mørket, som også tjener sit formål, og tænd så lyset i midten som et symbol på, at lyset nu vender tilbage. Eventuelt kan du tænde fem små lys som symboliserer hvert ønske, du har for det nye år.

I mangel af bedre kan du tegne 6 markeringer på et stykke papir, som symboliserer lys.

Vintersolhvervsmantraet:

"Må jeg bære lyset i mit hjerte. Jeg giver nu slip på mørket og gør plads til lyset. Og sådan er det. Må mine ønsker blive båret af lyset."

Skriv i din dagbog om følgende spørgsmål:

- Hvad er jeg blevet nødt til at sige farvel til i det forgangne år?

- Hvad er mine yndlingsminder fra det år, vi siger farvel til?

- Hvad kunne jeg forestille mig, at jeg ville være glad for blev sat i gang i mig? Hvad kommer op, når jeg tænker sådan?

Månedens intentioner

I den kommende måned har jeg besluttet at manifestere følgende:

Månedens intentioner

I den kommende måned har jeg besluttet at manifestere
følgende:

DECEMBER

1

Min vibration i dag:

DECEMBER

2

Min vibration i dag:

DECEMBER

3

Min vibration i dag:

DECEMBER

4

Min vibration i dag:

DECEMBER

5

Min vibration i dag:

DECEMBER

6

Min vibration i dag:

DECEMBER

7

Min vibration i dag:

DECEMBER

8

Min vibration i dag:

DECEMBER

9

Min vibration i dag:

DECEMBER

10

Min vibration i dag:

DECEMBER

11

Min vibration i dag:

DECEMBER

12

Min vibration i dag:

DECEMBER
13

Min vibration i dag:

DECEMBER
14

Min vibration i dag:

DECEMBER

15

Min vibration i dag:

DECEMBER

16

Min vibration i dag:

DECEMBER

17

Min vibration i dag:

DECEMBER

18

Min vibration i dag:

DECEMBER

19

Min vibration i dag:

DECEMBER

20

Min vibration i dag:

DECEMBER
21

Min vibration i dag:

DECEMBER
22

Min vibration i dag:

DECEMBER

23

Min vibration i dag:

DECEMBER

24

Min vibration i dag:

DECEMBER
25

Min vibration i dag:

DECEMBER
26

Min vibration i dag:

DECEMBER
27

Min vibration i dag:

DECEMBER
28

Min vibration i dag:

DECEMBER

29

Min vibration i dag:

DECEMBER

30

Min vibration i dag:

DECEMBER

31

Min vibration i dag:

Månedens status
I den forgangne måned har jeg manifesteret følgende:

Følgende drømme og ønsker har jeg realiseret i året der gik:

Følgende drømme og ønsker har jeg realiseret i året der gik:

Følgende drømme og ønsker har jeg realiseret i året der gik:

Følgende drømme og ønsker sætter jeg min intention for at manifestere i det kommende år:

Følgende drømme og ønsker sætter jeg min intention for at manifestere i det kommende år:

Følgende drømme og ønsker sætter jeg min intention for at manifestere i det kommende år: